河　南　省　地　方　标　准

普通公路紧急避险车道建设技术要求

Technical Requirements for Construction of Truck Emergency Escape Ramps on Ordinary Highways

DB 41/T 1712—2018

主编单位： 河南省交通运输厅公路管理局
交通运输部公路科学研究院
批准部门： 河南省质量技术监督局
实施日期： 2019 年 02 月 12 日

人民交通出版社股份有限公司
China Communications Press Co.,Ltd.

图书在版编目(CIP)数据

普通公路紧急避险车道建设技术要求 / 河南省交通运输厅公路管理局，交通运输部公路科学研究院编. —北京 : 人民交通出版社股份有限公司，2019.4

ISBN 978-7-114-15418-8

Ⅰ. ①普… Ⅱ. ①河… ②交… Ⅲ. ①道路工程—设计—指南 Ⅳ. ①U412

中国版本图书馆 CIP 数据核字(2019)第 054126 号

河南省地方标准

书　　名：普通公路紧急避险车道建设技术要求
主编单位： 河南省交通运输厅公路管理局
交通运输部公路科学研究院
责任编辑： 王　丹
责任校对： 刘　芹
责任印制： 张　凯
出版发行： 人民交通出版社股份有限公司
地　　址： (100011)北京市朝阳区安定门外外馆斜街 3 号
网　　址： http://www.ccpress.com.cn
销售电话： (010)59757973
总 经 销： 人民交通出版社股份有限公司发行部
经　　销： 各地新华书店
印　　刷： 北京鑫正大印刷有限公司
开　　本： 880×1230　1/16
印　　张： 0.75
字　　数： 13 千
版　　次： 2019 年 4 月　第 1 版
印　　次： 2019 年 4 月　第 1 次印刷
书　　号： ISBN 978-7-114-15418-8
定　　价： 20.00

目　次

前　　言

本标准按照 GB/T 1.1—2009 给出的规则起草。

本标准由河南省交通运输厅提出。

本标准由河南省交通运输厅公路管理局归口。

本标准起草单位:河南省交通运输厅公路管理局、交通运输部公路科学研究院。

本标准主要起草人:郭留红、孙传夏、张高强、谢梁萍、刘晓萌、张奇、梁桦林。

本标准参加起草人:张建军、史良、薛鹏涛、赵宏宇、郭孟卓、刘昊、李育真、袁卫军、化高伟、王喆、胡颖雷、高翔、薛保贵、朱春燕、史文华、汪耀耀、何宏伟、都晶晶、林红山、娄新凤、马柯、安静、牛磊、陈冠希。

普通公路紧急避险车道建设技术要求

1 范围

本标准规定了普通公路紧急避险车道的总体设计、设置位置、几何设计、救援车道、排水设施、消能设施、配套交通安全设施。

本标准适用于普通公路紧急避险车道新建、改建工程建设。

2 规范性引用文件

下列文件对于本文件的应用是必不可少的。凡是注日期的引用文件,仅注日期的版本适用于本文件。凡是不注日期的引用文件,其最新版本(包括所有的修改单)适用于本文件。

GB 5768.2 道路交通标志和标线 第2部分:道路交通标志

GB 5768.3 道路交通标志和标线 第3部分:道路交通标线

GB/T 28650 公路防撞桶

JTG D30 公路路基设计规范

JTG/T D33 公路排水设计规范

JTG D40 公路水泥混凝土路面设计规范

JTG D81 公路交通安全设施设计规范

JTG/T D81 公路交通安全设施设计细则

JTG F10 公路路基施工技术规范

JTG/T F20 公路路面基层施工技术细则

JTG/T F30 公路水泥混凝土路面施工技术细则

3 术语和定义

下列术语和定义适用于本文件。

3.1

紧急避险车道

在公路主线行车道外侧增设的,专供制动失效货车驶离主线、减速停车自救的专用设施,简称避险车道。

3.2

引道

从公路主线外侧行车道引出的、供制动失效车辆驶离主线进入避险车道制动床的专用车道。

3.3

制动床

沿引道方向,按一定宽度、厚度和坡度铺设的集料,可使制动失效货车减速停车。

3.4

入口速度

制动失效货车驶入制动床的瞬时速度。

3.5

消能设施

设置于制动床端部、使驶入制动床的制动失效货车进一步消能减速的设施。

3.6

救援车道

紧邻制动床设置的、供救援车辆和制动床维护车辆使用的专用车道。

4 总体设计

4.1 避险车道宜按照“保障安全、因地制宜、经济实用”的原则设置，并应强化与超载超限车辆治理、提供警示信息、加强货车制动检查、强化速度管控等措施的配合使用。

4.2 避险车道宜采用上坡制动床型，见图1。当采用其他类型的避险车道时，应进行充分论证，在满足安全和使用功能的前提下进行设计。

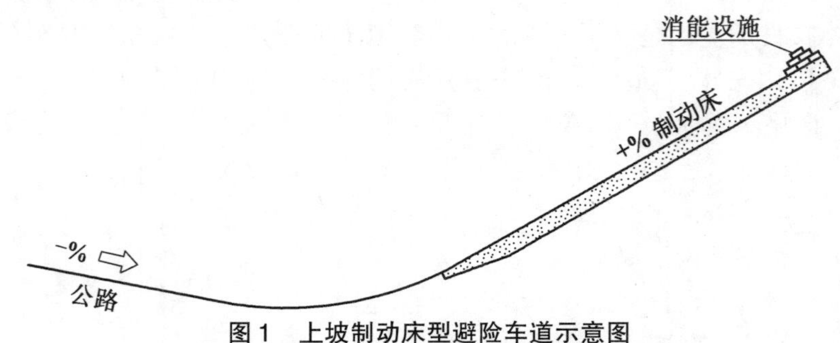

图1 上坡制动床型避险车道示意图

4.3 避险车道一般由引道、制动床、排水设施、消能设施及配套交通安全设施组成，见图2，可设置救援车道、照明设施和监控设施。

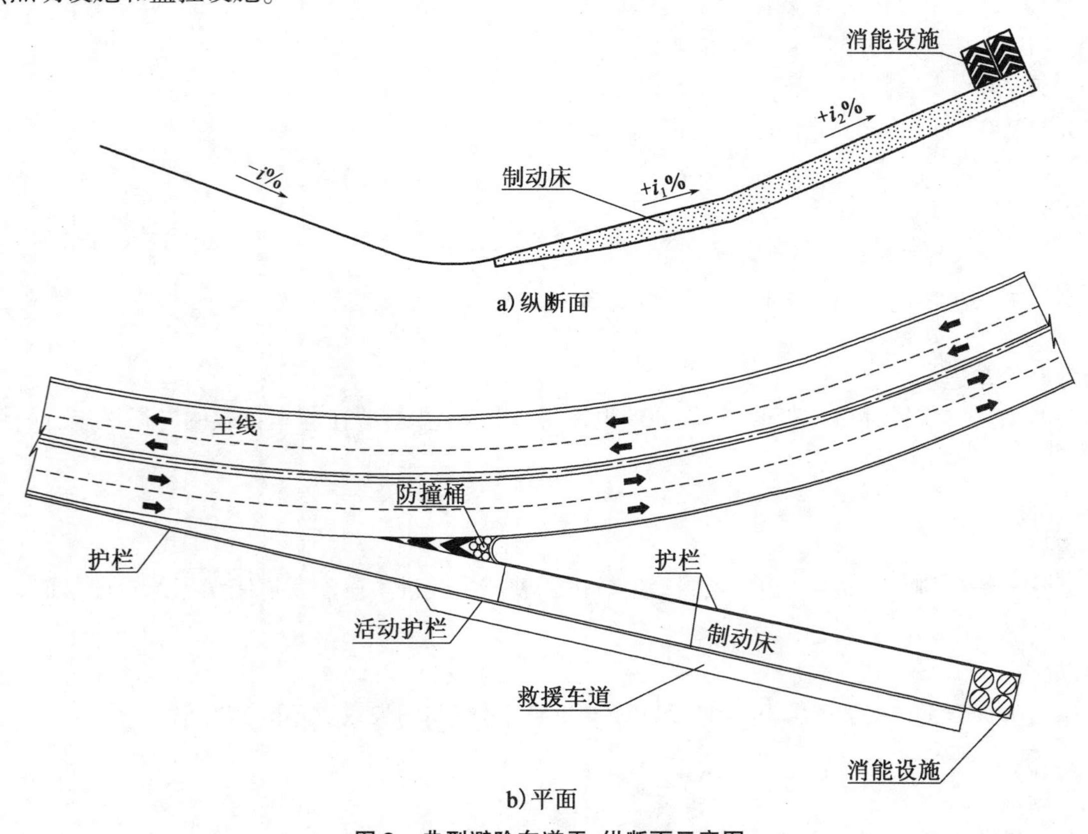

图2 典型避险车道平、纵断面示意图

4.4 在货车比例较大且制动失效事故高发的连续长大下坡路段,可考虑在一定距离内设置多条避险车道。

5 设置位置

5.1 避险车道设置位置应综合考虑货车制动失效事故位置、主线线形、路侧地形条件、桥隧结构物位置以及视认性要求等因素确定。一般设置在连续长大下坡路段中后段、小半径曲线上游位置,宜避开桥梁,并应避开隧道。

5.2 避险车道设置在曲线段时,宜在车辆驶入小半径曲线前沿缓和曲线切线方向设置;设置在直线段时,与主线交角宜小于5°,地形条件受限时最大不应超过10°。

6 几何设计

6.1 平面线形

6.1.1 避险车道平面线形应为直线。避险车道入口之前的识别视距应满足JTG D81和JTG/T D81相关规定。

6.2 引道

6.2.1 引道长度不宜小于70m。可通过提前拓宽主线方式,延长引道的设置长度。

6.2.2 引道宽度可设计为由窄到宽的渐变段,正常段起点宽度应为3.8m~5.5m,末端宽度与制动床宽度相同,两者应平顺连接。

6.2.3 引道宜采用与主线相同的路面结构,引道与主线相邻车道的路面应平顺衔接。

6.3 制动床

6.3.1 制动床宽度宜为4m~6m,应为等宽或逐渐加宽,宽度变化应均匀过渡,不应出现突变,应避免逐渐变窄的设计。

6.3.2 制动床纵坡宜采用单一纵坡,坡度最大值不应超过15%。当条件受限,需采用组合坡度时,应进行充分论证。

6.3.3 制动床宜选用豆砾石作为制动床面层铺设集料,豆砾石级配要求见表1。不应选用砂作为制动床面层铺设集料。

表1 豆砾石级配要求

筛孔尺寸(mm)	2.36	4.75	12.5	25	37.5
通过率(%)	≤5	≤10	25~60	95~100	≥100

6.3.4 制动床面层集料铺设厚度应为1.1m,最小厚度不应低于1.0m,应采用由薄到厚逐渐过渡到完整厚度的铺设方法,应在30m~60m距离内从制动床入口处的7.5cm厚度逐渐过渡到完整厚度,见图3。同一横断面上集料铺设厚度应相同,集料表面不应出现跳跃或落差,应避免采用阶梯状铺设方式。

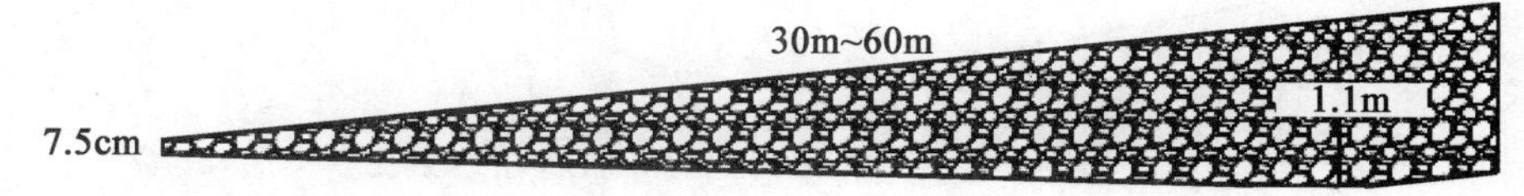

图3 制动床集料铺设深度渐变示意图

6.3.5 对于新建公路，避险车道制动床入口速度应符合 JTG/T D81 相关规定。对于既有公路，应实测避险车道拟设置位置的制动失效货车运行速度，制动床的入口速度应不小于运行速度提高 20km/h 后的值。

6.3.6 制动床设置长度应按下式计算。

$$L' = L + 10 \tag{1}$$

式中：L'——制动床设置长度，m；

L——制动床计算长度，m，应按下式计算。

$$L = \frac{v^2}{254 \times (R + G)} \tag{2}$$

v——制动床入口速度，km/h；

R——制动床面层阻力系数，豆砾石集料面层阻力系数 R 应取 0.25；当制动床面层采用其他材料形式时，阻力系数 R 应通过实车试验确定；

G——坡度（百分数）除以 100。

6.3.7 制动床水泥稳定碎石或混凝土基层厚度宜为 32cm，级配碎石垫层厚度宜为 15cm，并应符合 JTG F10、JTG/T F20 和 JTG/T F30 相关规定。

7 救援车道

7.1 对于一级公路避险车道，条件许可时可考虑设置救援车道。救援车道应紧邻制动床设置，与制动床之间宜采用混凝土护栏隔离。

7.2 救援车道长度宜与制动床相同，宽度应符合 JTG/T D81 相关规定。

7.3 救援车道宜采用水泥混凝土路面，路基和路面设计应符合 JTG D30、JTG D40 对三、四级公路的相应规定。

7.4 救援车道入口应封闭管理。

8 排水设施

8.1 避险车道应设置排水设施，与公路排水系统和设施合理衔接，并应符合 JTG/T D33 的相关规定。

8.2 宜采用横向排水沟和纵向排水沟相结合的排水系统。横向排水沟间距以及断面尺寸应根据设计泄水能力计算确定，横向排水沟外应包裹土工织物滤层。纵向排水沟可采用三角形、浅碟形、梯形或矩形等断面形式，断面尺寸应根据设计泄水能力计算确定。

9 消能设施

9.1 制动床尾部应设置消能桶、集料堆、废旧轮胎等消能设施。

9.2 制动床尾部设置集料堆时，集料堆应高于制动床集料表面 0.6m ~ 1.5m，坡度为 1:5，见图 4。集料堆材料应和制动床集料相同。

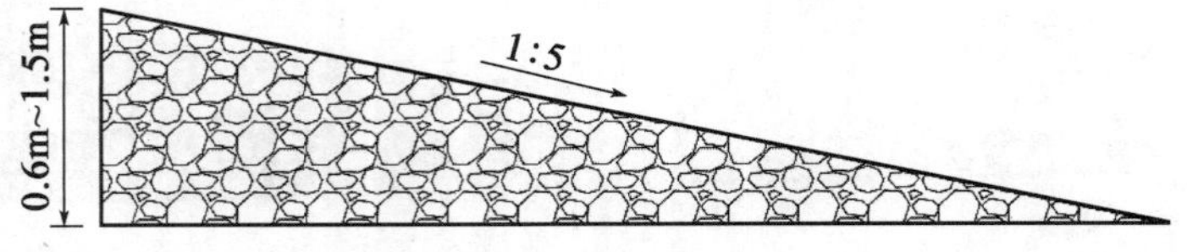

图 4 集料堆设置示意图

9.3 制动床尾部设置消能桶时,应设置于制动床集料表面上。消能桶的形状尺寸和产品要求应满足 GB/T 28650 的规定,桶内材料应与制动床集料相同。消能桶排列方式如图 5 所示。

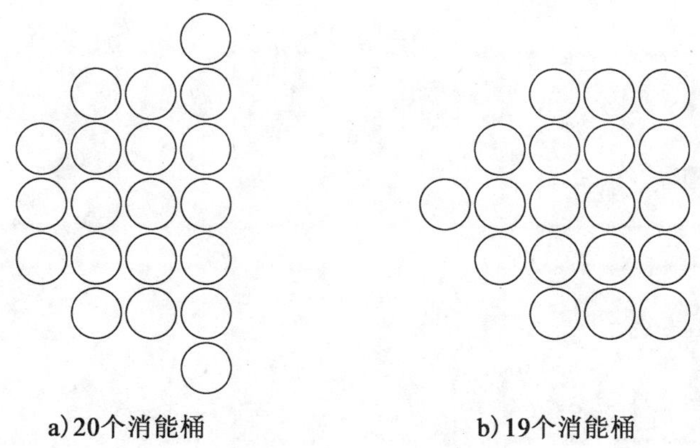

图 5 消能桶排列方式示意图

9.4 制动床尾部设置废旧轮胎时,应设置于制动床集料表面上。轮胎宜按图 6 所示排列,沿车辆行进方向至少应连续放置 4 排,横向与制动床等宽,高度不小于 2m,交叉放置。

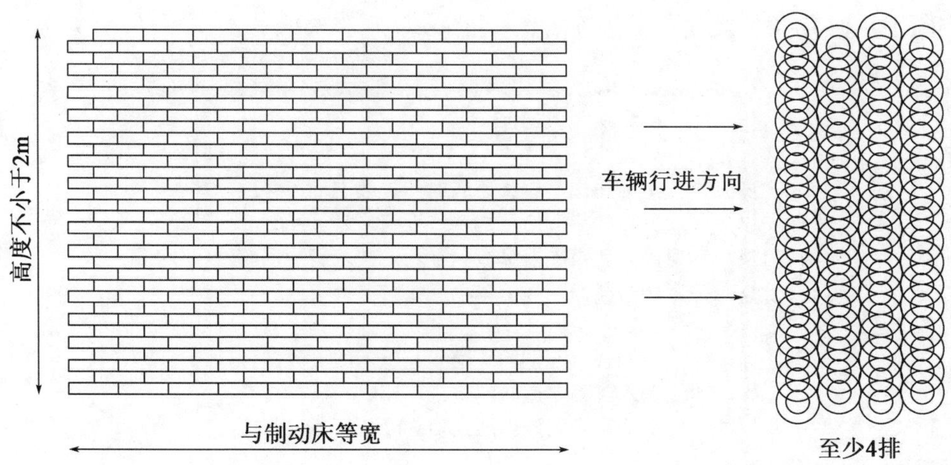

图 6 废旧轮胎布设方式

10 配套交通安全设施

10.1 一般规定

应设置必要的配套交通安全设施,并应符合 GB 5768.2、GB 5768.3、JTG D81 和 JTG/T D81 的有关规定。

10.2 标志

10.2.1 在连续长大下坡坡顶和下坡中途休息区宜设置避险车道数量、位置等预告信息。

10.2.2 在距避险车道 2km、1km、500m 处宜分别设置避险车道预告标志,见图 7。条件受限时,应设置至少 2 块避险车道预告标志。在避险车道引道入口处设置避险车道指示标志。避险车道预告和指示标志宜同时附着“制动失效货车专用”辅助标志。同一段连续长大下坡存在多处避险车道时,宜在避险车道预告标志中给出编号信息。

避险车道
前方 2 km
避险车道
前方 1 km
避险车道
前方 500 m
避险车道

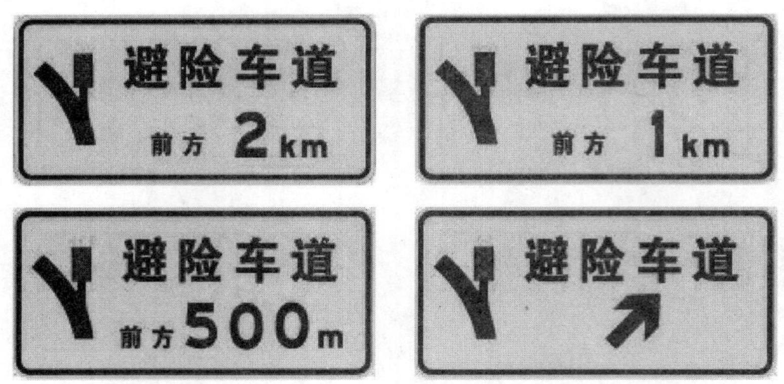

图7 避险车道预告和指示标志

10.2.3 在避险车道引道与主线分流鼻端应设置“制动失效货车专用”标志。在引道路侧应设置“禁止停车”标志。

10.2.4 在连续长大下坡路段坡顶或中途休息区、引道适当位置可设置“避险车道使用信息告知牌”,提供避险车道用途、使用条件及使用方法等信息,见图8。

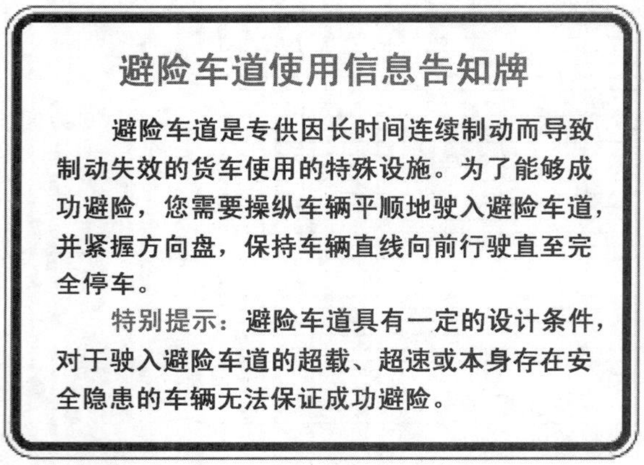

避险车道使用信息告知牌
避险车道是专供因长时间连续制动而导致制动失效的货车使用的特殊设施。为了能够成功避险，您需要操纵车辆平顺地驶入避险车道，并紧握方向盘，保持车辆直线向前行驶直至完全停车。
特别提示：避险车道具有一定的设计条件，对于驶入避险车道的超载、超速或本身存在安全隐患的车辆无法保证成功避险。

图8 避险车道使用信息告知牌示例

10.2.5 宜设置救援信息告示标志,提供救援电话。

10.3 标线

10.3.1 引道应施划边缘线。

10.3.2 在引道路面上可施划“避险”或“制动失效货车”,可施划导向箭头,字体和箭头大小按入口速度确定。引道导向箭头示例见图9。

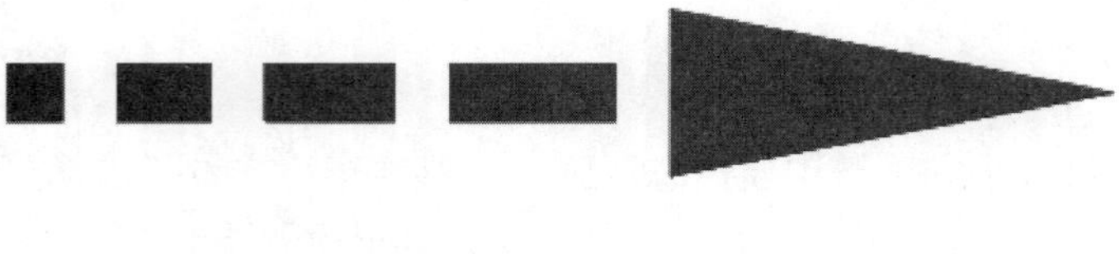

图9 引道导向箭头示例

10.3.3 制动床两侧应设置轮廓标，轮廓标反光器颜色应为红色。轮廓标间距宜为 12m。

10.4 护栏

避险车道制动床两侧应设置护栏，宜采用混凝土护栏。